AF266972

गणेश की दुनिया

हमारे प्रिय हाथी भगवान

एक चित्रात्मक कहानी की किताब

हर्षुल सिंघल

कॉपीराइट © 2024 हर्षुल सिंघल

सर्वाधिकार सुरक्षित

इस पुस्तक के किसी भी भाग का पुनरुत्पादन, संग्रहण प्रणाली में संग्रहित करना, या किसी भी रूप में या किसी भी माध्यम से, चाहे वह इलेक्ट्रॉनिक हो, यांत्रिक हो, फोटोकॉपी हो, रिकॉर्डिंग हो, या अन्यथा, लेखक की पूर्व लिखित अनुमति के बिना, नहीं किया जा सकता। इस प्रकाशन के संबंध में किसी भी अनधिकृत कार्रवाई के परिणामस्वरूप कानूनी परिणाम हो सकते हैं, जिनमें आपराधिक और सिविल दोनों प्रकार के परिणाम शामिल हैं।

यह पुस्तक पुराणों की कहानियों पर आधारित एक काल्पनिक पुनर्कथन है। इस पुस्तक के निर्माण और प्रकाशन में अत्यधिक सावधानी बरती गई है, फिर भी यदि किसी त्रुटि या चूक का सामना करना पड़े, तो इसके लिए लेखक जिम्मेदार नहीं होगा।

कवर डिज़ाइन: हर्षुल सिंघल

रूपरेखा

गणेश की दुनिया में आपका स्वागत है, जो एक बुद्धिमान और साहसी हाथी-शीर्ष वाले भगवान हैं। यह पुस्तक आपको उनके जीवन और रोमांच की खोज करने के लिए आमंत्रित करती है, जिसमें उनके चमत्कारी जन्म से लेकर दानवों पर उनकी चतुर विजय तक की कहानियाँ शामिल हैं। इन कहानियों के माध्यम से, गणेश हमें निष्ठा, दया, और एक प्रेमपूर्ण हृदय की शक्ति के बारे में सिखाते हैं।

जीवंत चित्रों और रोचक कहानियों के साथ, प्रत्येक अध्याय गणेश के रोमांच को जीवंत करता है, जो सभी उम्र के पाठकों के लिए उपयुक्त है। इस जादुई यात्रा में गणेश के साथ जुड़ें, जहाँ उनकी बुद्धिमत्ता, साहस, और आनंद हमें हमारे श्रेष्ठतम स्वरूप की प्रेरणा देते हैं।

मैंने यह पुस्तक क्यों लिखी

एक अभिभावक और गर्वित हिंदू के रूप में, भारतीय पौराणिक कथाएँ हमेशा से मुझे अपनी समृद्ध कहानियों और कालातीत ज्ञान से प्रेरित करती रही हैं। बचपन में, गणेश जैसे देवताओं की कहानियों ने मुझे बुद्धिमत्ता, दया और साहस के मूल्यों को सिखाया। जब मेरा पुत्र पैदा हुआ, तो मैं इन कहानियों को उसके साथ साझा करना चाहता था, ताकि वह हमारी सांस्कृतिक जड़ों से जुड़ सके।

यह पुस्तक मेरे पुत्र और अन्य बच्चों के लिए मेरा उपहार है, जिसमें गणेश के रोमांच और उनसे मिलने वाले गुणों का परिचय है। गणेश, जो विघ्नहर्ता और नए प्रारंभों का प्रतीक हैं, हिंदू संस्कृति के हृदय का प्रतिनिधित्व करते हैं। इस पुस्तक को लिखना हमारे विरासत का सम्मान करना है और यह सुनिश्चित करना है कि ये कहानियाँ आने वाली पीढ़ी को प्रेरित करती रहें।

गणेश बुद्धिमत्ता और नए प्रारंभों का प्रतीक हैं। इस पुस्तक के माध्यम से, मैं हमारे विश्वास का सम्मान करना चाहता हूँ और भारतीय पौराणिक कथाओं की एक झलक प्रस्तुत करना चाहता हूँ, जहाँ हर कहानी जीवन को आकार देने वाले सबक समेटे हुए है। आशा है कि यह पुस्तक आनंद, ज्ञान, और हमारी समृद्ध सांस्कृतिक धरोहर के साथ गहरा संबंध लेकर आए।

श्रीगणेशाय नमः

गजाननं भूतगणादि सेवितं

कपित्थ जम्बूफल चारु भक्षणम् ।

उमासुतं शोकविनाशकारणं

नमामि विघ्नेश्वर पादपङ्कजम् ॥

मैं भगवान गणेश को प्रणाम करता हूँ, जिनकी सेवा देवता करते हैं और जिन्हें सभी पूजते हैं। वे, जो बेल और जामुन के फल के रस का आनंद लेते हैं, देवी पार्वती के प्रिय पुत्र हैं और सभी दुखों को हरने वाले हैं। मैं उनके कमल के चरणों में अपनी वंदना अर्पित करता हूँ।

जैसा कि हम इस पुस्तक की शुरुआत कर रहे हैं, पहले हम भगवान गणेश को अपनी हार्दिक वंदना अर्पित करें, जो विघ्नहर्ता हैं और ज्ञान और आनंद के अग्रदूत हैं। यह प्राचीन श्लोक, जो हाथी-शीर्ष वाले भगवान की प्रार्थना है, गणेश के सार को सुंदरता से व्यक्त करता है— उनका आनंदमय स्वभाव, उनकी रक्षक की भूमिका, और दिव्य से उनका गहरा संबंध।

गणेश की कृपा हमारे मार्ग को आलोकित करे, जब हम उनकी कालातीत कहानियों के माध्यम से यात्रा करें, उनकी बुद्धिमत्ता से सीखें और जिन मूल्यों का वे प्रतिनिधित्व करते हैं, उन्हें अपनाएं।

सूची

अध्याय 1: दिव्य जन्म

कैलाश की रहस्यमयी पहाड़ियों में, जहाँ बादल धरती को चूमते थे और नदियाँ प्राचीन रहस्यों को फुसफुसाती थीं, शक्तिशाली देवी पार्वती निवास करती थीं। वह दयालु और बुद्धिमान थीं, जिनकी आँखें सुबह की ओस की तरह चमकती थीं। एक दिन, जब पार्वती अपना दैनिक स्नान करने की तैयारी कर रही थीं, तो उन्हें एहसास हुआ कि उन्हें अकेले रहते हुए कोई सुरक्षा देने वाला चाहिए।

"काश मेरे पास कोई होता जो मेरी रक्षा कर सकता," पार्वती ने जोर से कहा, चारों ओर देखते हुए। "लेकिन इन शांत पहाड़ियों में मैं किस पर भरोसा कर सकती हूँ?"

उन्होंने सावधानीपूर्वक काम किया, एक आकृति को मजबूत भुजाओं,

मजबूत पैरों, और एक उज्ज्वल, जिज्ञासु चेहरे के साथ आकार दिया।

जैसे-जैसे आकृति आकार लेने लगी, पार्वती उससे ऐसे बात करने लगीं

जैसे वह पहले से ही जीवित हो। "तुम मेरे रक्षक बनोगे," उन्होंने धीरे

हर्षुल सिंघल

से कहा। "तुम मुझे किसी भी नुकसान से बचाओगे, और तुम मेरे सबसे वफादार साथी बनोगे।" जब उन्होंने अपना काम समाप्त किया, तो पार्वती ने सामने की छोटी आकृति को देखा और मुस्कुराई। "तुम बिल्कुल सही हो," उन्होंने फुसफुसाया। लेकिन कुछ कमी थी—वह आकृति अभी भी केवल एक मूर्ति थी, ठंडी और निर्जीव।

पार्वती ने अपनी आँखें बंद कीं, एक गहरी साँस ली, और अपने पूरे प्रेम के साथ, उन्होंने उस आकृति में प्राण फूँके। मूर्ति की आँखें झपकीं, फिर पूरी तरह से खुल गईं, जिनमें गर्मजोशी और जिज्ञासा भरी हुई थी। मिट्टी चमकने लगी, और जल्द ही एक छोटा लड़का उनके सामने खड़ा हो गया।

"मैं कौन हूँ?" लड़के ने आश्चर्य से पार्वती की ओर देखते हुए पूछा।

पार्वती मुस्कुराईं और प्यार से उसके सिर पर हाथ रखा। "तुम मेरे पुत्र हो," उन्होंने स्नेहपूर्वक कहा। "मैंने तुम्हें धरती से बनाया है, और तुम्हारा नाम गणेश होगा। तुम मेरी रक्षा के लिए यहाँ हो, लेकिन इससे भी अधिक, तुम बुद्धिमान, दयालु, और साहसी बनोगे।"

गणेश की आँखें उत्साह से चमक उठीं। "मैं आपकी रक्षा करूँगा, माँ!" उन्होंने गर्व से सीना तानते हुए कहा। " कोई भी मेरी अनुमति के बिना आपके पास नहीं आ सकेगा!"

पार्वती ने धीरे से हँसते हुए कहा, "यह है मेरे बेटे का साहस! लेकिन याद रखना, शक्ति केवल मांसपेशियों से नहीं आती, बल्कि हृदय से भी आती है। हमेशा दयालु बनो और कुछ करने से पहले सोचो। "

गणेश ने गंभीरता से सिर हिलाया, हालांकि वह अपनी महत्वपूर्ण भूमिका के विचार से मुस्कुराए बिना नहीं रह सके। वह उद्देश्य की भावना और अपनी माँ के प्रति प्रेम से भरे हुए थे।

"अब, गणेश," पार्वती ने आगे कहा, "जब मैं स्नान करने जाऊँ, तब मैं चाहती हूँ कि तुम प्रवेश द्वार की रक्षा करो। कोई भी, यहाँ तक कि

तुम्हारे पिता, भगवान शिव भी, मेरी अनुमति के बिना अंदर नहीं आ सकते। क्या तुम समझ गए?"

गणेश ने ऊँचा खड़ा होकर अपने कर्तव्य को पूरा करने का संकल्प लिया। "हाँ, माँ! मैं बिना आपकी अनुमति के किसी को भी अंदर नहीं आने दूँगा!"

जैसे ही पार्वती नदी की ओर स्नान करने चलीं, गणेश अपने घर के प्रवेश द्वार पर खड़ा हो गया। जो कुछ भी उसके रास्ते में आ सकता था, वह उसका सामना करने के लिए तैयार था, गर्व और अपनी माँ की रक्षा की इच्छा से भरा हुआ।

लेकिन गणेश नहीं जानते थे कि उनके पहले कार्य के रूप में उन्हें एक ऐसे चुनौती का सामना करना पड़ेगा जो उनकी कल्पना से भी परे थी...।

हर्षुल सिंघल

अध्याय 2: रक्षक की प्रतिज्ञा

गणेश गर्व और उत्साह से भरे हुए थे। उन्हें उनकी माँ, देवी पार्वती ने बनाया था और एक महत्वपूर्ण कार्य सौंपा था—उनकी रक्षा करने का। "मैं किसी को भी मेरी माँ को परेशान नहीं करने दूँगा," उन्होंने सोचा, और कैलाश पर्वत पर स्थित अपने घर के प्रवेश द्वार पर मजबूती से खड़े हो गए।

जब पार्वती पवित्र नदी में स्नान कर रही थीं, गणेश सतर्कता से चारों ओर नजर रखे हुए थे। हवा पत्तों को सरसराती हुई गुजर रही थी और पक्षी खुशी से चहचहा रहे थे, लेकिन गणेश का ध्यान पूरी तरह अपने

कर्तव्य पर था। वे अपनी माँ की हर कीमत पर रक्षा करने का संकल्प लिए हुए थे।

तभी, एक शक्तिशाली आकृति दूर से प्रकट हुई। वह भगवान शिव थे, पार्वती के पति और गणेश के पिता, जो पर्वतों में ध्यान करने के बाद घर लौट रहे थे। शिव, जिनके जटाजूट में चंद्रमा की अर्धशकल होती थी, सूर्य की रोशनी में चमकती त्रिशूल के साथ प्रवेश द्वार की ओर बढ़ रहे थे।

"यह बालक कौन है जो पहरा दे रहा है?" शिव ने सोचा जब वे निकट आए।

जब गणेश ने शिव को पास आते देखा, तो उन्होंने आगे बढ़कर अपना हाथ उठाया। "वहीं रुक जाइए!" उन्होंने आदेश दिया। "आप बिना मेरी माँ की अनुमति के अंदर नहीं आ सकते!"

शिव गणेश की साहसिकता से चौंक गए। "हटो, बालक," शिव ने शांत लेकिन अधिकारपूर्ण स्वर में कहा। "मैं भगवान शिव हूँ, और यह मेरा घर है।"

लेकिन गणेश ने अपना स्थान नहीं छोड़ा। "मुझे इससे कोई फर्क नहीं पड़ता कि आप कौन हैं!" उन्होंने दृढ़ता से उत्तर दिया। "मेरी माँ ने मुझे इस प्रवेश द्वार की रक्षा करने के लिए कहा है, और मैं बिना उनकी अनुमति के किसी को भी अंदर नहीं आने दूँगा।"

शिव की आँखें आश्चर्य से चौड़ी हो गईं। "क्या निष्ठा है!" उन्होंने सोचा, लेकिन फिर उनका चेहरा गंभीर हो गया। "लेकिन मुझे अंदर जाना ही होगा।"

"हटो, बालक," शिव ने फिर से आदेश दिया, उनका स्वर अब कठोर हो गया था। "तुम नहीं जानते कि तुम किससे सामना कर रहे हो।"

गणेश का हृदय तेजी से धड़कने लगा, लेकिन वे डगमगाए नहीं। "मुझे अच्छी तरह पता है कि मैं क्या कर रहा हूँ," उन्होंने कहा। "मेरी माँ के आदेश स्पष्ट हैं, और मैं उनका पालन करूंगा।"

शिव, जो गणेश के साहस से प्रभावित थे लेकिन साथ ही परेशान भी थे, ने उन्हें परखने का निर्णय लिया। एक झटके में, उन्होंने अपने दिव्य प्राणियों—गणों की सेना—को बुलाया। वे आकाश में प्रकट हुए, उनकी आँखें चमक रही थीं, और वे हमला करने के लिए तैयार थे। लेकिन गणेश डरते नहीं थे। "तुम लोग अंदर नहीं आ सकोगे!" उन्होंने घोषणा की, और अपना दंड उठाकर प्रवेश द्वार की रक्षा के लिए तैयार हो गए। गणों ने आगे बढ़कर हमला किया, लेकिन गणेश ने पूरी ताकत से उनका मुकाबला किया। उनकी कम उम्र के बावजूद, वे निडर और शक्तिशाली थे, और शिव की ताकतवर सेना के खिलाफ डटे रहे।

युद्ध जारी रहा, चिंगारियाँ उड़ रही थीं और धरती हिल रही थी। गणेश बहादुरी से लड़े, उनकी आँखों में दृढ़ता की चमक थी। वे एक-एक करके गणों को पराजित कर रहे थे, उन्हें अपने स्थान से आगे नहीं बढ़ने दे रहे थे।

शिव अपने पुत्र की इस दृढ़ता को देख कर अचंभित थे। "कितनी शक्ति! कितनी निष्ठा!" शिव ने सोचा। लेकिन उन्हें पता था कि वे

हर्षुल सिंघल

पीछे नहीं हट सकते। आखिरकार, भारी मन से, उन्होंने अपना त्रिशूल उठाया और गुस्से में आकर गणेश पर वार किया, जिससे उनका सिर धड़ से अलग हो गया।

युद्धभूमि पर सन्नाटा छा गया। शिव नीचे देखते हुए अपने किए पर पछताने लगे। "मैंने क्या कर दिया?" उन्होंने धीरे से कहा, यह समझते हुए कि जिसने उनके खिलाफ इतनी बहादुरी से सामना किया था, वह उनका अपना पुत्र गणेश था।

उसी समय, पार्वती प्रकट हुईं, उनके चेहरे पर सदमे और दुःख की छाया थी। "मेरा बेटा!" गणेश के निर्जीव शरीर की ओर दौड़ते हुए उन्होंने चिल्लाया। उनके आँसू उनकी आँखों से बहने लगे, जब उन्होंने गणेश को अपनी गोद में लिया।

शिव, गहरे पछतावे से भरे हुए, पार्वती के पास झुक गए। "मुझे नहीं पता था," उन्होंने काँपती आवाज में कहा। "मुझे नहीं पता था कि वह हमारा पुत्र है।"

पार्वती ने शिव की ओर देखा, उनकी आँखों में दर्द भरा हुआ था। "तुम्हें उसे वापस लाना होगा," उन्होंने कहा। "हमारा पुत्र केवल अपना कर्तव्य निभा रहा था, जो मैंने उसे दिया था।"

शिव ने सिर हिलाया, उनके दिल में गहरा अपराध बोध था। "मैं इसे सही करूँगा," उन्होंने वादा किया। और इसके साथ ही, उन्होंने गणेश को पुनर्जीवित करने का उपाय खोजने के लिए प्रस्थान किया।

अध्याय 3: हाथी-शीर्ष का आशीर्वाद

जैसे ही सूर्य अस्त हो रहा था, आकाश गहरे नारंगी और बैंगनी रंगों से रंग गया था, शिव एक अभियान पर निकल पड़े—आशा और पछतावे से भरे हुए। उनकी पत्नी पार्वती, अपने आँसुओं भरी आँखों से उन्हें जाते हुए देख रही थीं। वह अपने पुत्र गणेश के स्थिर शरीर के पास खड़ी थीं, उनके हृदय में भारी दुःख था, लेकिन फिर भी इस उम्मीद से बंधी हुई थीं कि शिव कोई उपाय ढूँढ लेंगे जिससे गणेश को जीवन वापस मिल सके।

शिव पूरे धरती पर अपनी गलती को सुधारने के लिए व्याकुल भटकते रहे। चलते-चलते, वे हवा में फुसफुसाते हुए बोले, "मैं इसे सही कैसे कर सकता हूँ? मैं अपने पुत्र को कैसे वापस ला सकता हूँ?"

अंतहीन यात्रा के बाद, शिव एक प्राचीन, बुद्धिमान हाथी के पास पहुँचे, जो एक विशाल बरगद के पेड़ की छाया में आराम कर रहा था। उस

हाथी की आँखें शांत और समझदार थीं, मानो वह शिव के भीतर के दर्द को समझ रहा हो।

"यह हाथी," शिव ने सोचा, "इतना ही बुद्धिमान और सौम्य है जितना कि गणेश होना चाहिए। शायद इसका मस्तक, जो ज्ञान और शक्ति से भरा है, मेरे पुत्र को नया जीवन दे सके।"

भारी मन से, शिव हाथी के पास गए और उसे अपनी दुखभरी स्थिति समझाई। "मैंने एक भयानक गलती की है," उन्होंने धीरे से कहा, "और मैं आपसे आपके मस्तक की याचना करता हूँ ताकि मैं अपने पुत्र को जीवन दे सकूँ।"

हाथी ने शिव की आँखों में देखा, मानो उनके दुख की गहराई को समझ गए हो। एक धीमे और शालीन इशारे के साथ, हाथी ने अपना सिर झुका दिया, और गणेश को बचाने के लिए अपने जीवन का उपहार देने के लिए स्वीकृति दी।

गणेश की दुनिया

शिव, कृतज्ञता और दुख से भरे हुए, धीरे से हाथी का सिर लेकर कैलाश पर्वत पर अपने घर लौट आए।

जब वे वापस आए, तो पार्वती अब भी गणेश के पास बैठी प्रार्थना कर रही थीं। उन्होंने हाथी का सिर देखा और चौंकीं, लेकिन डर से नहीं, बल्कि आशा की एक झलक के साथ। "क्या यह काम करेगा, शिव? क्या हमारा पुत्र फिर से जीवित हो जाएगा?" पार्वती ने पूछा, उनकी आवाज़ उम्मीद से काँप रही थी।

शिव ने गंभीरता से सिर हिलाया। "यह सिर एक महान और बुद्धिमान प्राणी का था। मुझे विश्वास है कि यह हमारे पुत्र को वह शक्ति और बुद्धिमत्ता देगा जो उसके भाग्य को पूरा करने के लिए आवश्यक है।"

शिव ने सावधानी से हाथी का सिर गणेश के शरीर पर रखा। फिर, उन्होंने शक्तिशाली मंत्रों का जाप करना शुरू किया, अपनी सारी दिव्य ऊर्जा को बुलाया। उनके चारों ओर की हवा ऊर्जा से भर गई, और स्वर्ग उनके आह्वान का जवाब देने लगा।

गणेश की दुनिया

अचानक, गणेश के चारों ओर एक उज्ज्वल प्रकाश फैल गया, और उनके नीचे की धरती हिलने लगी। पार्वती और शिव आश्चर्य से देख रहे थे, क्योंकि हाथी का सिर गणेश के शरीर के साथ मिलकर एक नया, अद्वितीय रूप बना रहा था—हाथी की शक्ति और बुद्धिमत्ता, और एक बालक की मासूमियत और साहस का मिश्रण।

धीरे-धीरे, गणेश की आँखें झपकीं और उन्होंने गहरी साँस ली। उन्होंने अपनी माँ और पिता की ओर देखा, उनकी निगाहों में गर्मजोशी और जिज्ञासा भरी हुई थी। "माँ? पिता?" उन्होंने धीरे से पूछा।

पार्वती ने खुशी से चिल्लाते हुए उन्हें गले से लगा लिया। "मेरा पुत्र, तुम जीवित हो!" उन्होंने खुशी के आँसुओं के साथ कहा, उन्हें अपनी बाँहों में कसकर पकड़े हुए।

शिव उनके पास झुक गए और धीरे से गणेश के कंधे पर हाथ रखा।

"मेरे बहादुर पुत्र, जो कुछ हुआ उसके लिए मुझे गहरा अफसोस है,"

शिव ने कहा, उनकी आवाज़ में पछतावा और गर्व दोनों थे। "तुम फिर

से हमारे साथ हो, और अपने नए रूप के साथ, तुम गणपति के रूप में

भी जाने जाओगे, जो हाथी-शीर्ष वाले भगवान हैं। तुम्हें विघ्नहर्ता के रूप में सम्मानित किया जाएगा, और हर प्रार्थना तुम्हारे नाम से शुरू होगी। ”

गणेश ने अपने पिता की ओर देखा, उनके नए हाथी-चेहरे में शांति और बुद्धिमत्ता थी। “मैं आपको माफ करता हूँ, पिता,” उन्होंने दयालुता से कहा। “मैं इस नाम को जीने के लिए अपनी पूरी कोशिश करूंगा जो आपने मुझे दिया है।”

उस दिन से, गणेश को दुनिया भर में विघ्नहर्ता, बुद्धि के देवता, और नए प्रारंभों के दाता के रूप में जाना जाने लगा। वे सबके द्वारा प्रेम और पूजा किए जाते थे, और उन्होंने हर उस व्यक्ति को शांति, समृद्धि और मार्गदर्शन दिया जिसने उनका आह्वान किया।

हर्षुल सिंघल

और इस प्रकार, गणेश के पुनर्जन्म की यह कथा दूर-दूर तक फैल गई, एक ऐसी कहानी जो प्रेम, क्षमा, और नए प्रारंभों की सुंदरता की बात करती है।

गणेश की दुनिया

अध्याय 4: डरावने दानव की पराजय

युवा गणेश, जो अपनी बुद्धिमत्ता और शक्ति के लिए स्वर्ग और पृथ्वी दोनों में प्रसिद्ध थे, सभी द्वारा प्रेम और सम्मान से देखे जाते थे। लेकिन एक दूर, अंधकारमय भूमि में, गजमुखासुर नामक एक दानव, जिसने भी हाथी का सिर धारण किया था और जिसका हृदय अंधकार से भर गया था, दुनिया पर कब्जा करने की योजना बना रहा था। लालच और क्रोध से भरा गजमुखासुर एक भयंकर शक्ति बन चुका था, जिसने हर चीज़ पर शासन करने का संकल्प लिया था।

एक दिन, गजमुखासुर ने तय किया कि उसे अपने मार्ग की बाधाओं को दूर करने के लिए उस एक देवता को खत्म करना होगा जिससे वह

सबसे अधिक डरता था—गणेश। "यदि मैं गणेश को हरा सकता हूँ," गजमुखासुर ने योजना बनाई, "तो मुझे रोकने वाला कोई नहीं रहेगा!"

दानवों की एक भयानक सेना को इकट्ठा करके, गजमुखासुर ने कैलाश पर्वत की ओर बढ़ना शुरू किया, जहाँ गणेश निवास करते थे। दानव सेना के प्रत्येक कदम के साथ धरती काँप उठी, और उनके बुरे इरादों के भार से आकाश अंधकारमय हो गया।

जब गणेश को इस आसन्न खतरे के बारे में पता चला, तो उन्होंने शांति से आगामी युद्ध की तैयारी की। वह जानते थे कि गजमुखासुर एक शक्तिशाली प्रतिद्वंद्वी है, लेकिन गणेश यह भी समझते थे कि सच्ची शक्ति केवल कच्ची शक्ति में नहीं होती—यह बुद्धिमत्ता, साहस और रणनीति के बारे में होती है।

जब दानव सेना निकट आई, गणेश अकेले खड़े थे, उनका हृदय स्थिर और मन तीक्ष्ण था। जब गजमुखासुर ने गणेश को बिना किसी भय के खड़ा देखा, तो वह जोर से हँसा। "क्या तुम सचमुच सोचते हो कि तुम मुझे रोक सकते हो, छोटे देवता?" दानव ने उपहास किया। "तुम्हारे पास न तो कोई सेना है और न ही कोई कठोर तरीका। तुम्हारी कोमलता से मेरा क्या बिगड़ेगा?"

गणेश ने शांत आत्मविश्वास के साथ गजमुखासुर की ओर देखा। "शक्ति केवल आकार या क्रूर बल के बारे में नहीं है, गजमुखासुर,"

गणेश ने उत्तर दिया। "यह बुद्धिमत्ता, साहस और बुराई के खिलाफ खड़े होने की क्षमता के बारे में है।"

गणेश के शांत उत्तर से क्रोधित होकर, गजमुखासुर ने अपने विशाल गदा को भयानक बल के साथ घुमाते हुए आगे बढ़ा। उसके कदमों के नीचे धरती कांपने लगी और उसकी क्रोध की शक्ति से हवा में बिजली सी तड़कने लगी। लेकिन गणेश, जो हमेशा चतुर और चपल थे, ने बड़ी कुशलता से दानव के हमलों से बचते हुए अपनी चालाकी और बुद्धिमत्ता का इस्तेमाल किया।

हर असफल प्रहार के साथ गजमुखासुर की हताशा बढ़ने लगी, और उसका क्रोध उसे लापरवाह बना रहा था। जब युद्ध चलता रहा, गणेश धैर्य बनाए रखे हुए थे, सही क्षण की प्रतीक्षा कर रहे थे।

अंततः, गणेश ने वह अवसर देखा। जैसे ही गजमुखासुर ने अपने गदा को एक और शक्तिशाली प्रहार के लिए उठाया, गणेश ने अपनी दिव्य

शक्ति का उपयोग करते हुए उस हथियार को दानव के हाथों से बाहर फेंक दिया, जिससे वह टुकड़ों में बिखर गया। गजमुखासुर स्तब्ध और क्रोधित होकर पीछे हट गया, इस अचानक हुए बदलाव से हक्का-बक्का रह गया।

यह समझते हुए कि केवल बल प्रयोग से वह विजय नहीं पा सकेगा, गजमुखासुर ने चालबाजी का सहारा लिया। उसने खुद को एक छोटे से चूहे में बदलना शुरू कर दिया, उम्मीद करते हुए कि वह बिना किसी की नजर में आए बच निकलेगा। लेकिन गणेश, जो हमेशा से बुद्धिमान थे, ने दानव की इस धोखेबाजी को भांप लिया। उन्होंने तुरंत चूहे को अपने हाथों में पकड़ लिया, जो कभी भयानक दानव था, अब वह उनके हाथों में कोमलता से लेकिन मजबूती से पकड़ लिया गया था।

"तुम्हारा आतंक का शासन यहीं समाप्त होता है, गजमुखासुर," गणेश ने घोषणा की। "अब से, तुम मेरा सेवक बनोगे और मूषक के नाम से जाने जाओगे। तुम मुझे जहाँ भी जाऊँ वहाँ लेकर चलोगे, और तुम्हारी शक्ति का प्रयोग अब बुराई के लिए नहीं, बल्कि अच्छे के लिए किया जाएगा।"

चूहा, जो अब विनम्र और शक्तिहीन हो चुका था, ने अपनी नई भूमिका को स्वीकार कर लिया। गणेश ने उसे धीरे से जमीन पर रख दिया, और मूषक, जो कभी एक भयानक दानव था, अब गणेश का वफादार साथी और वाहन बन गया। वह अब विनम्रता का प्रतीक बन गया, गणेश को उनकी सभी यात्राओं में ले जाता।

गजमुखासुर की पराजय के साथ, संसार में फिर से शांति लौट आई, और स्वर्ग में उत्सव मनाया गया। गणेश ने एक बार फिर यह सिद्ध कर दिया कि सच्ची शक्ति केवल शारीरिक बल में नहीं होती, बल्कि

बुद्धिमत्ता, साहस और अंधकार को प्रकाश में बदलने की क्षमता में होती है।

गणेश की इस दानव पर विजय की कथा दूर-दूर तक फैली, और देवताओं और मनुष्यों द्वारा पीढ़ियों से सुनाई जाती रही। यह कहानी इस बात की याद दिलाती है कि चाहे चुनौती कितनी भी भयावह क्यों न हो, अच्छाई और बुद्धिमत्ता अंत में हमेशा जीतती है।

हर्षुल सिंघल

अध्याय 5: चतुर दौड़

गणेश, जो अब अपनी बुद्धिमत्ता और शक्ति के लिए दूर-दूर तक प्रसिद्ध हो चुके थे, अपने माता-पिता, भगवान शिव और देवी पार्वती के साथ कैलाश पर्वत पर खुशहाल जीवन बिता रहे थे। सभी लोग गणेश की बुद्धिमत्ता, दयालुता, और उनकी कठिन से कठिन समस्याओं को हल करने की क्षमता की सराहना करते थे।

एक दिन, जब सूर्य चमक रहा था, गणेश के छोटे भाई कार्तिकेय, जो अपनी शक्ति और गति के लिए जाने जाते थे, उत्साह से उनके पास आए। "भैया," कार्तिकेय ने चहकते हुए कहा, "आओ, हम दौड़ लगाते हैं! देखते हैं कि कौन सबसे पहले दुनिया का चक्कर लगाकर घर वापस आता है।"

गणेश ने कार्तिकेय के मोर को देखा, जो एक तेज और शानदार पक्षी था। उन्हें पता था कि कार्तिकेय बेहद तेज़ हैं, और उनका मोर आसमान में बड़ी तेजी से उड़ सकता है। वहीं गणेश के पास उनके वफादार साथी मूषक थे, जो एक छोटा और धीमा चूहा था।

“क्या तुम सच में मेरे साथ दौड़ लगाना चाहते हो, कार्तिकेय?” गणेश ने मुस्कुराते हुए पूछा। “तुम बहुत तेज हो, और मेरे पास तो सिर्फ मूषक है।”

कार्तिकेय ने आत्मविश्वास से हंसते हुए कहा, “बिल्कुल, भैया! यह मजेदार होगा। देखते हैं, वास्तव में कौन सबसे तेज है!”

गणेश ने एक पल के लिए सोचा। वे समझ गए थे कि कार्तिकेय का यह चुनौती मित्रता से भरा हुआ है, लेकिन वे यह भी जानते थे कि जीतने के लिए केवल तेज होना ही सब कुछ नहीं होता। उनकी

आँखों में एक चमक आई, और उन्होंने सहमति दी, "ठीक है, कार्तिकेय। चलो दौड़ लगाते हैं। जो सबसे पहले दुनिया का चक्कर लगाकर यहाँ वापस आएगा, वही विजेता होगा।"

दोनों भाई दौड़ के लिए तैयार होकर खड़े हो गए। कार्तिकेय उत्साह से अपने मोर पर सवार हो गए, जो उत्सुकता से अपने पंख फैला रहा था, जबकि गणेश शांति से मूषक पर चढ़ गए। भगवान शिव और देवी पार्वती दूर से यह सब देख रहे थे, यह देखने के लिए उत्सुक थे कि क्या होने वाला है।

"तैयार, शुरू!" कार्तिकेय ने चिल्लाते हुए कहा, और पल भर में, वे और उनका मोर पहाड़ों, नदियों, और जंगलों के ऊपर से उड़ते हुए तेजी से आगे बढ़ गए। हवा उनके कानों में गूंज रही थी, और वे जीतने के लिए दृढ़ संकल्पित थे।

लेकिन गणेश, बिना कोई जल्दबाजी किए, मूषक पर बैठे रहे, गहरे विचार में डूबे। उन्हें पता था कि उनका छोटा चूहा, यद्यपि वफादार था, कार्तिकेय के मोर की गति से कभी मेल नहीं खा सकता था। इसलिए, गणेश ने एक चतुर योजना बनाई।

उन्होंने धीरे से मूषक से कहा कि उन्हें उनके माता-पिता, भगवान शिव और देवी पार्वती, जो दौड़ देख रहे थे, के चारों ओर घुमाएँ। मूषक, हालांकि थोड़ा हैरान था, फिर भी उसने आज्ञा का पालन किया और तीन बार उनके चारों ओर घूम गया, और गणेश ने गहरे भक्ति भाव से प्रार्थना की।

गणेश की बुद्धिमत्ता को समझते हुए शिव और पार्वती ने मुस्कुराते हुए एक-दूसरे की ओर देखा।

तीन बार चक्कर लगाने के बाद, गणेश मूषक से उतर गए और अपने माता-पिता के चरणों में नमन किया। "माँ और पिता, मैंने अपनी दौड़ पूरी कर ली है," उन्होंने एक प्यार भरी मुस्कान के साथ कहा।

शिव ने संतोषपूर्वक सिर हिलाया। "बहुत अच्छा किया, मेरे बेटे," उन्होंने गर्मजोशी से कहा। "लेकिन हमें बताओ, तुमने दुनिया की यात्रा करने के बजाय हमें क्यों घेरा?"

गणेश ने मुस्कुराते हुए उत्तर दिया, "मेरे लिए, माँ और पिता, आप ही मेरा संपूर्ण संसार हैं। आपको घेरकर मैंने दुनिया का चक्कर लगाया है। मेरे लिए आपसे बढ़कर कोई महत्वपूर्ण और पवित्र नहीं है।"

पार्वती का हृदय गर्व और आनंद से भर गया। "तुम वास्तव में बहुत बुद्धिमान हो, गणेश," उन्होंने उन्हें कसकर गले लगाते हुए कहा। "तुम्हारी भक्ति और बुद्धिमत्ता ही तुम्हें वास्तव में विशेष बनाती है।"

तभी, कार्तिकेय लौट आए, और उनका मोर धीरे से उनके बगल में उतरा। "मैंने दौड़ जीत ली!" उन्होंने थोड़ी सी सांस लेते हुए, लेकिन स्पष्ट रूप से विजयी होकर घोषणा की।

लेकिन जब कार्तिकेय ने अपने माता-पिता के चेहरों पर मुस्कान देखी और गणेश को शांति से उनके बगल में खड़ा देखा, तो उन्हें एहसास हुआ कि उनके जाने के दौरान कुछ हुआ था। "यहाँ क्या हुआ?" कार्तिकेय ने आश्चर्य से पूछा।

हर्षुल सिंघल

शिव ने समझाया, "गणेश ने अपनी बुद्धिमत्ता और भक्ति से दिखाया

है कि सच्ची महानता केवल गति में नहीं होती। उन्होंने हमें घेरकर यह

गणेश की दुनिया

समझाया कि हम ही उनका संसार हैं, और इस प्रकार उन्होंने दौड़ जीत ली है।”

कार्तिकेय ने ध्यान से सुना, और हालांकि उन्हें थोड़ी निराशा महसूस हुई, वे अपने भाई की चतुराई की प्रशंसा किए बिना नहीं रह सके। “तुम सच में बुद्धिमान हो, भैया,” कार्तिकेय ने मुस्कुराते हुए कहा। “मैं भले ही तेज हूँ, लेकिन तुमने यह दिखाया कि बुद्धिमत्ता ही सबसे बड़ी शक्ति है।”

दोनों भाइयों ने एक-दूसरे को गले लगाया, और उस दिन से गणेश की बुद्धिमत्ता का और भी अधिक सम्मान किया जाने लगा। उन्होंने सभी को यह सिखाया कि यद्यपि गति और शक्ति महत्वपूर्ण हैं, सच्ची महानता जीवन में वास्तव में महत्वपूर्ण चीजों को समझने और उन लोगों को प्रेम और सम्मान देने से आती है जो हमारे लिए प्रिय हैं।

अध्याय 6: टूटी हुई दंत की कथा

गणेश, जो अपनी बुद्धिमत्ता, वीरता और दयालुता के लिए पूरे ब्रह्मांड में प्रिय और प्रसिद्ध थे, उनके जीवन की कई कहानियाँ हैं जो लोगों की कल्पनाओं को मोहित करती हैं। लेकिन एक कहानी ऐसी है जो हर सुनने वाले के मन को छू जाती है—वह कहानी कि कैसे गणेश की दंत टूट गई।

एक दिन, गणेश एक विशाल बरगद के पेड़ की छाया में शांति से बैठे हुए थे, और प्रकृति की सुंदरता का आनंद ले रहे थे। पेड़ों पर पक्षी मधुर

गीत गा रहे थे, और मंद हवा में खिलते हुए फूलों की खुशबू तैर रही थी। गणेश पूरी तरह से प्रसन्न थे, उस पल की शांति का आनंद ले रहे थे।

हर्षुल सिंघल

तभी, महान ऋषि व्यास उनके सामने प्रकट हुए, उनके चेहरे पर तात्कालिकता और उद्देश्य की रेखाएँ उभर आईं। "गणेश," व्यास ने आदरपूर्वक झुकते हुए कहा, "मुझे एक पवित्र ग्रंथ की रचना के लिए चुना गया है—महाभारत, एक ऐसी कथा जो आने वाली पीढ़ियों के लिए ज्ञान और सत्य का संचार करेगी। लेकिन मुझे इसे लिखने के लिए एक ऐसे व्यक्ति की आवश्यकता है, जिसमें महान ज्ञान और अटूट समर्पण हो। क्या तुम मेरी मदद करोगे?"

गणेश, जो हमेशा एक महान कार्य में सहायता के लिए तैयार रहते थे, ने गर्मजोशी से मुस्कुराते हुए उत्तर दिया, "यह मेरे लिए सम्मान की बात होगी, ऋषि व्यास। लेकिन मेरी एक शर्त है—आपको बिना रुके श्लोकों का उच्चारण करना होगा, और मैं तब तक लिखता रहूँगा जब तक पूरा महाकाव्य समाप्त नहीं हो जाता।"

गणेश की दुनिया

व्यास ने सहमति में सिर हिलाया, लेकिन उन्होंने भी अपनी एक शर्त रखी, उनकी आँखों में शरारत की हल्की सी झलक थी। "और मैं तुमसे एक बात और मांगता हूँ, गणेश—तुम्हें हर श्लोक को पूरी तरह समझना होगा, तभी उसे लिखना होगा।"

गणेश ने इस चुनौती को स्वीकार कर लिया, और दोनों इस महान कार्य को शुरू करने के लिए बैठ गए। व्यास ने महाभारत का पाठ करना शुरू किया, उनकी आवाज़ प्राचीन काल के ज्ञान से गूँज रही थी। जैसे-जैसे श्लोक बहते गए, गणेश ने ध्यानपूर्वक सुना, हर पंक्ति के अर्थ को आत्मसात किया और फिर उसे अपनी लेखनी से लिखते गए।

यह महाकाव्य विशाल और जटिल था, जिसमें देवताओं, नायकों, युद्धों, और नैतिक द्वंद्वों की कहानियाँ भरी हुई थीं। दिन रात में और रात दिन में बदल गए, लेकिन गणेश बिना थके लिखते रहे। लेकिन जैसे-जैसे

महाकाव्य आगे बढ़ता गया, कुछ अप्रत्याशित हुआ—श्लोकों की शक्ति के बोझ तले उनकी लेखनी टूट गई।

एक क्षण के लिए, गणेश ने रुककर अपने अगले कदम पर विचार किया। महाभारत का लेखन बहुत महत्वपूर्ण था और इसे विलंबित नहीं किया जा सकता था, और उन्होंने वचन दिया था कि वह लिखना नहीं छोड़ेंगे। बिना किसी झिझक के, गणेश ने एक साहसी निर्णय लिया। उन्होंने अपने एक दंत को तोड़ा और उसका उपयोग करके लेखन जारी रखा।

ऋषि व्यास, इस आत्म-बलिदान को देखकर, गणेश के समर्पण से प्रभावित हुए। पूरे समय, व्यास ने गणेश को हाथी-शीर्ष वाले भगवान के रूप में नहीं देखा, बल्कि उन्हें एक साधारण युवा बालक के रूप में देखा, जिसे वे अपने पुत्र के समान प्रेम करने लगे थे। "गणेश, इस कार्य के प्रति तुम्हारा समर्पण वास्तव में असाधारण है," व्यास ने

प्रशंसा करते हुए कहा। "तुमने यह सुनिश्चित करने के लिए अपने आप का एक हिस्सा दे दिया कि यह महान ज्ञान हमेशा के लिए संरक्षित रहे। तुम्हारी टूटी हुई दंत न केवल महाभारत को पूरा करेगी, बल्कि यह ज्ञान, बलिदान और भक्ति का प्रतीक भी बनेगी।"

गणेश मुस्कुराए और लिखते रहे, उनकी टूटी हुई दंत अब ज्ञान का एक शक्तिशाली उपकरण बन गई थी। अपने एक हिस्से को खोने के

दर्द के बावजूद, गणेश ने एक गहरी संतुष्टि महसूस की, यह जानते हुए

कि महाभारत अनगिनत पीढ़ियों का मार्गदर्शन करेगी, उन्हें धर्म,

कर्तव्य, और जीवन की जटिलताओं के बारे में सिखाएगी।

गणेश की टूटी हुई दंत उनके इस संकल्प का प्रतीक बन गई कि वे महानतम उद्देश्य के लिए सब कुछ देने को तैयार हैं। उन्होंने दिखाया कि सच्ची शक्ति केवल शारीरिक बल में नहीं होती, बल्कि दूसरों के लिए बलिदान करने की क्षमता में होती है।

उस दिन से, गणेश की छवि—जिसमें एक दंत संपूर्ण और दूसरी टूटी हुई थी—एक शक्तिशाली अनुस्मारक बन गई कि ज्ञान, धैर्य और निस्वार्थता का क्या महत्व है। उनकी कहानी ने देवताओं, ऋषियों और मनुष्यों को प्रेरित किया, उन्हें यह सिखाते हुए कि कभी-कभी सबसे बड़े उपहार वे होते हैं जो हम दूसरों के लिए बलिदान करके प्राप्त करते हैं।

और इस प्रकार, गणेश की टूटी हुई दंत की कथा युगों-युगों तक सुनाई जाती रही, एक कालातीत कथा के रूप में जो ज्ञान, भक्ति, और ज्ञान की स्थायी शक्ति की बात करती है।

अध्याय 7: मिठास की चुनौती

गणेश, जो अपनी बुद्धिमत्ता और विघ्नहर्ता के रूप में प्रसिद्ध थे, मिठाइयों के भी बेहद शौकीन थे—खासतौर पर अपने प्रिय मोदकों के। ये स्वादिष्ट लड्डू, जो मीठे नारियल और गुड़ से भरे होते थे, उनके सबसे पसंदीदा थे, और वे कभी इन्हें नज़रअंदाज नहीं कर पाते थे।

एक भव्य उत्सव के बाद, जहाँ उनके भक्तों ने उन्हें अनगिनत मोदकों के थाल अर्पित किए थे, गणेश एक विशाल बरगद के पेड़ की छाया में बैठे थे। उनका पेट भरा हुआ था, और वे पूरी तरह से संतुष्ट महसूस कर

रहे थे। उन्होंने इतने सारे मोदक खा लिए थे कि उनका गोल- मटोल

पेट और भी बड़ा लगने लगा था, और वे इसे एक संतोषजनक मुस्कान

के साथ थपथपा रहे थे।

गणेश की दुनिया

जैसे ही वे अपने इस भोज के आनंद में खोए हुए थे, उनके मन में एक विचार आया। "ये मोदक सच में बहुत स्वादिष्ट हैं, लेकिन मैं सोच रहा हूँ... क्या किसी अच्छी चीज़ की भी अधिकता हो सकती है? क्या बहुत सारे मिठाई खाना संभव है?"

इससे पहले कि वे इस पर और विचार कर पाते, एक छोटी, शरारती आवाज़ ने उनके विचारों को बाधित कर दिया। यह मूषक थे, गणेश के वफादार साथी, जो पूरे समय इस भोज को देखते रहे थे। "बहुत सारे मोदक?" मूषक ने हंसी के साथ चहकते हुए कहा, "मुझे नहीं लगता कि यह संभव है, गणेश! आप शायद एक पूरा पहाड़ भर के मोदक खा सकते हैं और फिर भी और चाहेंगे!"

गणेश ने मूषक की बातों पर हंसते हुए कहा, लेकिन उनकी जिज्ञासा बढ़ गई थी। "चलो इस सिद्धांत की परीक्षा करते हैं, मूषक। देखते हैं कि क्या वास्तव में बहुत सारे मोदक खाए जा सकते हैं।"

मूषक की आँखें आश्चर्य से चौड़ी हो गई। "क्या आप सच में ऐसा करना चाहते हैं, गणेश? आप और भी ज्यादा खाना चाहते हैं?"

गणेश ने शरारत भरी आँखों में चमक के साथ सिर हिलाया। "बिल्कुल! देखते हैं कि मैं कितने मोदक खा सकता हूँ जब तक कि मुझे सच में संतुष्टि न मिल जाए!"

इसके साथ ही, गणेश ने और मोदकों का आह्वान किया। वे उनके सामने ढेरों में प्रकट हुए—सुनहरे, सुगंधित, और अत्यधिक लुभावने। गणेश ने उत्सुकता से खाना शुरू किया, जैसे कि हर मोदक पहला हो।

मूषक ने आश्चर्य से देखा कि गणेश एक के बाद एक मोदक खाते जा रहे थे। "वह सच में हर किसी से ज्यादा मिठाईयों से प्यार करते हैं!" मूषक ने सिर हिलाते हुए सोचा।

लेकिन जैसे-जैसे गणेश अपना भोज जारी रखते गए, कुछ अप्रत्याशित होने लगा। उनका पहले से भरा हुआ पेट और भी अधिक फूलने लगा। हर मोदक के साथ, वह बड़ा और बड़ा होता गया, यहाँ तक कि इतना गोल हो गया कि ज़मीन को छूने लगा।

"अरे बाप रे," गणेश ने धीरे से कहा, जब उन्होंने अपने बढ़ते पेट को देखा। "शायद मैंने हद से ज्यादा खा लिया।"

जैसे ही वे रुकने वाले थे, अचानक हवा में एक तेज़ आवाज़ गूंजी। गणेश ने आश्चर्य से नीचे देखा—उनका पेट इतना बड़ा हो गया था कि वह फट गया!

मूषक ने चौंकते हुए गणेश के पास दौड़ लगाई। "क्या आप ठीक हैं, गणश?" उन्होंने चिंतित चेहरे के साथ पूछा।

गणेश, हालांकि, शांत रहे। उन्होंने मूषक की चिंता पर मुस्कुराते हुए जल्दी से एक समाधान सोचा। उन्होंने देखा कि पास में एक साँप रेंग

रहा था, जो अपने आप में मग्न था। गणेश ने धीरे से उस साँप को उठाया और उसे अपने पेट के चारों ओर बेल्ट की तरह लपेट दिया।

साँप ने, गणेश की आवश्यकता को महसूस करते हुए, विरोध नहीं किया। उसने खुद को गणेश के पेट के चारों ओर कस कर लपेट लिया, जिससे एक मजबूत बेल्ट बन गई। गणेश ने साँप को आभारपूर्वक थपथपाया। "धन्यवाद, मेरे मित्र," उन्होंने गर्मजोशी से कहा। "तुमने मुझे एक बड़ी समस्या से बचा लिया!"

मूषक हंसी से फूट पड़े। "सिर्फ आप ही, गणेश, एक फटे हुए पेट को एक नए फैशन में बदल सकते हैं!"

गणेश ने दिल खोल कर हंसा, उनकी हंसी पेड़ों के बीच गूंज उठी। "मुझे लगता है कि मैंने आज एक महत्वपूर्ण सबक सीखा, मूषक।

भले ही मोदक जैसे अद्भुत चीज़ हो, लेकिन इसमें भी एक सीमा होती है कि कितनी मात्रा में इसका आनंद लेना चाहिए। "

जैसे ही सूरज क्षितिज के नीचे चला गया, गणेश और मूषक पेड़ के नीचे आराम करते हुए दिन की घटनाओं को याद करते हुए हंसते रहे। गणेश का पेट अब उनके नए साँप बेल्ट से आराम से बंधा हुआ था, और वे न केवल मोदकों से भरे हुए थे, बल्कि उस सबक से भी भरे हुए थे जो उन्होंने सीखा था।

उस दिन से, गणेश को अक्सर उनके पेट के चारों ओर एक साँप की बेल्ट के साथ देखा गया, जो उस दिन की याद दिलाता था जब मिठाईयों के प्रति उनके प्रेम ने उन्हें संयम का महत्व सिखाया।

और इस प्रकार, गणेश की यह कथा दूर-दूर तक फैल कर, उनके कई रोमांचों में से एक प्यारी कहानी बन गई। यह सभी को याद दिलाती थी

गणेश की दुनिया

कि जीवन की खुशियों का आनंद लेना अद्भुत है, लेकिन यह भी जानना महत्वपूर्ण है कि कब काफी हो चुका है।

अध्याय 8: अडिग शिला

गणेश, जो अपनी बुद्धिमत्ता और विघ्नों को दूर करने की शक्ति के लिए प्रिय थे, स्वर्ग और पृथ्वी दोनों में अपनी समस्याओं को हल करने की अद्वितीय क्षमता के लिए जाने जाते थे। जब भी किसी के सामने कोई ऐसी कठिनाई आती जो असंभव लगती, तो वे गणेश की ओर मुड़ते, वह दयालु देवता जो किसी भी बाधा को दूर कर सकता था, चाहे वह कितनी भी असंभव क्यों न लगे।

एक दिन, स्वर्ग के देवताओं को एक गंभीर समस्या का सामना करना पड़ा। एक विशाल शिला रहस्यमय रूप से एक महत्वपूर्ण रास्ते के बीचोंबीच प्रकट हो गई थी, जो एक पवित्र मंदिर तक पहुंचने का मार्ग अवरुद्ध कर रही थी। इस मंदिर में एक महत्वपूर्ण अनुष्ठान होना था, जो ब्रह्मांड के संतुलन को बनाए रखने के लिए आवश्यक था,

और यदि यह अनुष्ठान नहीं हुआ, तो अराजकता उत्पन्न हो सकती थी।

देवताओं ने उस शिला को हटाने के लिए हर संभव प्रयास किया। उन्होंने अपनी पूरी शक्ति से उसे धक्का दिया और खींचा, यहाँ तक कि अपनी दिव्य शक्तियों का भी प्रयोग किया, लेकिन शिला टस से मस नहीं हुई। ऐसा लग रहा था जैसे वह शिला ज़मीन में जड़ें जमा चुकी हो और हिलने से अस्वीकार कर रही हो।

"यह कोई साधारण बाधा नहीं है," एक देवता ने माथे से पसीना पोंछते हुए कहा। "ऐसा लगता है कि कोई अंधकारमय शक्ति इस अनुष्ठान को होने से रोकना चाहती है।"

जब देवता और अधिक निराश हो गए, तो उनमें से एक ने सुझाव दिया, "क्यों न हम गणेश का आह्वान करें? अगर कोई इस शिला को हटा सकता है, तो वह वही हैं।"

सभी देवता सहमत हो गए और जल्दी से कैलाश पर एक संदेशवाहक भेजा, जहाँ गणेश निवास करते थे। संदेशवाहक तेजी से गणेश के घर पहुँचा और उन्हें इस विकट परिस्थिति के बारे में बताया। गणेश ने ध्यानपूर्वक सुना, उनकी बुद्धिमान आँखें इस चुनौती पर विचार करते हुए संकीर्ण हो गईं।

"यह शिला वास्तव में एक बाधा होनी चाहिए, जिसने देवताओं के प्रयासों का प्रतिरोध किया है," गणेश ने सोचा। "लेकिन हर समस्या का समाधान होता है। चलो देखते हैं कि क्या किया जा सकता है।"

जब गणेश वहाँ पहुँचे, तो देवताओं ने उन्हें आशा भरी नजरों से देखा। "गणेश, आप हमारी आखिरी उम्मीद हैं," उन्होंने चिंतित स्वर में कहा। "अगर इस शिला को जल्द ही नहीं हटाया गया, तो अनुष्ठान नहीं हो पाएगा, और इसके परिणाम विनाशकारी हो सकते हैं।"

गणेश शिला के पास गए और उसे ध्यान से देखने लगे। उन्होंने उसके चारों ओर घूमकर उसकी जाँच की, और अपनी सूंड से उसे हल्के से थपथपाते हुए उसकी आवाज़ सुनी। फिर, उन्होंने एक ऐसी चीज़ देखी जो अन्य सभी ने अनदेखी कर दी थी—शिला के एक ओर एक छोटी, लगभग अदृश्य दरार।

गणेश ने धीरे से मुस्कुराया। "कभी-कभी, सबसे बड़ी बाधाओं के सबसे सरल समाधान होते हैं," उन्होंने बुद्धिमत्ता से कहा। "लेकिन किसी समस्या को हल करने के लिए, पहले उसे पूरी तरह समझना आवश्यक होता है।"

देवता उत्सुकता से देखते रहे, जब गणेश ने अपने वफादार साथी मूषक को बुलाया। छोटा चूहा उस विशाल शिला को देखते हुए सोच रहा था कि वह इस कठिन परिस्थिति में कैसे मदद कर सकता है।

गणेश की दुनिया

“मूषक, मुझे तुम्हारी मदद चाहिए,” गणेश ने प्यार से कहा। “मैं चाहता हूँ कि तुम इस शिला की उस छोटी दरार में जाकर उसके अंदर से इसे कुतरना शुरू करो।”

मूषक, भले ही छोटा था, लेकिन वह बहादुर था और गणेश पर पूरा विश्वास रखता था। बिना किसी हिचकिचाहट के, वह शिला की ओर दौड़ा और दरार के अंदर घुस गया। एक बार अंदर पहुँचकर, उसने अपने तेज़ दाँतों से पत्थर को कुतरना शुरू कर दिया, गणेश के निर्देशानुसार पूरी मेहनत से काम करने लगा।

समय बीतते गए, और देवता चुपचाप देखते रहे, यह सोचते हुए कि आगे क्या होगा। फिर, अचानक, हवा में एक गहरी गड़गड़ाहट गूंज उठी। मूषक के प्रयासों से कमजोर हुई शिला हिलने लगी। दरार चौड़ी हो गई, और गणेश के एक अंतिम धक्का के साथ, शिला दो भागों में विभाजित हो गई, और दोनों भाग रास्ते से हटकर लुढ़क गए।

देवता खुशी से चिल्लाए, समस्त गणेश की चतुराई और मूषक की बहादुरी से चकित थे। रास्ता साफ हो गया था, और मंदिर का मार्ग फिर से खुल गया था।

"गणेश, आपने हमें बचा लिया!" देवताओं ने आभार से भरी आवाज़ में कहा। "आपकी बुद्धिमत्ता ने हमें दिखाया कि सही समझ और रणनीति के साथ कोई भी बाधा बहुत बड़ी नहीं होती।"

गणेश ने विनम्रता से मुस्कुराया और मूषक की ओर देखा, जो शिला से बाहर निकल आया था। "यह मूषक का दृढ़ संकल्प था जिसने इसे संभव बनाया," उन्होंने अपने छोटे मित्र के सिर पर प्यार से हाथ फेरते हुए कहा। "कभी-कभी, सबसे छोटे व्यक्ति भी सबसे बड़ा अंतर ला सकते हैं।"

देवताओं ने सहमति में सिर हिलाया, और भव्य अनुष्ठान योजना के अनुसार हुआ, जिससे ब्रह्मांड का संतुलन पुनः स्थापित हो गया। गणेश की विघ्नहर्ता के रूप में प्रतिष्ठा और भी मजबूत हो गई, और लोग दूर-दूर से उनके मार्गदर्शन के लिए आने लगे जब भी वे किसी चुनौती का

सामना करते थे। वे जानते थे कि गणेश की मदद से कोई भी मार्ग साफ करना मुश्किल नहीं है।

और इस प्रकार, गणेश ने अपनी बुद्धिमत्ता और धैर्य से जिस तरह से रास्ता साफ किया, उसकी कथा उनकी लंबी रोमांचक कहानियों में से एक और प्रिय कहानी बन गई। इसने सभी को याद दिलाया कि समझदारी, धैर्य, और सही दृष्टिकोण के साथ, सबसे कठिन चुनौतियों को भी पार किया जा सकता है।

गणेश की दुनिया

अध्याय 9: आनंद भरा नृत्य

गणेश, जो अपनी बुद्धिमत्ता और शक्ति के लिए प्रिय थे, अपने गहरे कला और संगीत प्रेम के लिए भी जाने जाते थे। उनकी मधुर धुनों के प्रति जुनून किंवदंती थी, और कहा जाता था कि उनकी हंसी से फूल खिल जाते थे और नदियाँ आनंद से नाच उठती थीं।

एक सुंदर सुबह, गणेश ने धरती पर आने का निर्णय लिया, ताकि एक छोटे से गाँव में होने वाले एक भव्य उत्सव की जीवंत ध्वनियों और दृश्यों का अनुभव कर सकें। यह उत्सव एकता का उत्सव था, जो संगीत, नृत्य, और सांझे भोज के माध्यम से विभिन्न संस्कृतियों के लोगों को एक साथ लाता था।

गणेश ने एक साधारण यात्री के रूप में छद्मवेश धारण किया, ताकि भीड़ में घुल-मिल सकें। गाँव में पहुँचते ही, उन्होंने देखा कि हवा में उत्सव के आनंदमय संगीत की ध्वनियाँ गूँज रही थीं, और रंग-बिरंगी

सजावट हर कोने को चमकदार बना रही थी। गलियाँ लोगों से भरी थीं जो गीत गा रहे थे, नाच रहे थे, और एक साथ उत्सव का आनंद ले रहे थे।

हर्षुल सिंघल

जैसे ही गणेश ने इन जीवंत गलियों में भ्रमण प्रारंभ किया, उनका दिल खुशी से भर गया। उन्होंने मिठाइयों का स्वाद लिया और अपने पैरों को आसपास बज रहे उल्लासपूर्ण संगीत की ताल पर थिरकने दिया। हालांकि, जैसे-जैसे दिन बीतता गया, उन्होंने देखा कि कुछ बच्चे एक पेड़ के नीचे उदास बैठे थे, और उनके संगीत वाद्ययंत्र उनके बगल में अनछुए पड़े थे।

जिज्ञासु और चिंतित होकर, गणेश बच्चों के पास गए। "नमस्ते, प्यारे दोस्तों," उन्होंने स्नेहपूर्वक कहा। "इस खूबसूरत दिन में तुम लोग इतने उदास क्यों हो?"

एक छोटी लड़की ने ऊपर देखा, उसके चेहरे पर निराशा झलक रही थी। "हम अज के उत्सव में संगीत बजाने वाले थे," उसने समझाया। "लेकिन हमारे वाद्ययंत्र पुराने और बेसुरे हो गए हैं, और हम नए वाद्ययंत्र नहीं खरीद सकते। कोई हमारी संगीत सुनना नहीं चाहता।"

अन्य बच्चों ने सहमति में सिर हिलाया, उनके उत्सव में प्रदर्शन करने की आशाएं टूट चुकी थीं। गणेश ने उनके लिए सहानुभूति महसूस की और एक पल के लिए सोचा। "क्या मैं तुम्हारे वाद्ययंत्र देख सकता हूँ?" उन्होंने कोमलता से पूछा।

बच्चे झिझके, लेकिन गणेश की दयालु आँखों में कुछ ऐसा था जिससे उन्हें उन पर भरोसा हो गया। उन्होंने अपने पुराने वाद्ययंत्र गणेश को सौंप दिए, और गणेश ने उन्हें ध्यान से जांचा, दरारों और टूटे हुए तारों को ध्यान किया।

एक आश्वस्त मुस्कान के साथ, उन्होंने कहा, "ये वाद्ययंत्र भले ही पुराने हों, लेकिन थोड़ी सी देखभाल के साथ, ये अब भी सुंदर संगीत उत्पन्न

कर सकते हैं।" बच्चों ने संदेह से देखा। "लेकिन हमें इन्हें ठीक करना

नहीं आता," एक छोटे लड़के ने धीरे से कहा।

गणेश की आँखों में एक शरारत की झलक चमक उठी। "शायद मैं

इसमें मदद कर सकता हूँ," उन्होंने कहा। गणेश ने अपनी आँखें बंद

कीं और धीरे से वाद्ययंत्रों को अपने हाथों में पकड़ लिया। उनकी हथेलियों से एक गर्म, सुनहरी रोशनी निकलने लगी, जिसने वाद्ययंत्रों को एक जादुई आभा से ढक लिया।

जब रोशनी फीकी पड़ गई, तो बच्चों ने आश्चर्य से देखा। उनके वाद्ययंत्र अब अपनी पूर्व की महिमा में लौट आए थे, नई चमक के साथ चमक रहे थे और नवीन तारों से सुसज्जित थे। बच्चों ने उन्हें उत्सुकता से उठाया, जैसे वे अपनी आँखों पर विश्वास नहीं कर पा रहे हों।

"इन्हें बजाकर देखो," गणेश ने मुस्कुराते हुए प्रोत्साहित किया।

बच्चों ने उत्साहित होकर एक-दूसरे की ओर देखा और बजाना शुरू किया। जो संगीत हवा में गूंज उठा, वह पहले से कहीं अधिक मधुर और सुंदर था। ये मंत्रमुग्ध कर देने वाली धुनें जल्दी ही पास के उत्सव

में शामिल लोगों का ध्यान खींचने लगीं, जो उनकी ध्वनियों से मोहित होकर वहाँ जमा हो गए।

लोग ताली बजाने और आनंदमय धुनों पर नाचने लगे, उनके चेहरे खुशी से दमक रहे थे। बच्चों का आत्मविश्वास बढ़ गया क्योंकि उन्होंने देखा कि उनके संगीत ने चारों ओर के सभी लोगों को कितना खुश कर दिया है।

भीड़ में गाँव के बुजुर्ग भी थे, जो एक बुद्धिमान और सम्मानित व्यक्ति थे, जिन्होंने उत्सव का आयोजन किया था। वे बच्चों के पास आए और मुस्कान के साथ बोले। "तुम्हारा संगीत वास्तव में अद्भुत है!" उन्होंने कहा। "क्या तुम लोग आज रात हमारे मुख्य मंच पर प्रदर्शन करने के लिए तैयार हो?"

बच्चों ने अविश्वास से एक-दूसरे की ओर देखा और फिर गणेश की ओर मुड़े, उनकी आँखों में आभार के आँसू थे। "आपका बहुत-बहुत धन्यवाद," छोटी लड़की ने कहा, उसकी आवाज़ भावनाओं से काँप रही थी। "हमने कभी नहीं सोचा था कि हम ऐसा कर पाएंगे।"

गणेश ने गर्मजोशी से मुस्कुराते हुए कहा, "संगीत तो हमेशा तुम्हारे भीतर था। बस थोड़ा सा प्रोत्साहन चाहिए था ताकि इसे चमकने का मौका मिल सके।"

उस शाम, जब सूरज डूब गया और आसमान में लालटेनें चमकने लगीं, बच्चों ने मुख्य मंच पर अपना प्रदर्शन किया। उनका प्रदर्शन जादुई था, धुनें नदी की तरह बह रही थीं, जो हर सुनने वाले के दिल को छू रही थीं। चाहे उनके बीच कितने भी अंतर क्यों न हों, संगीत ने लोगों को एकता और खुशी के उत्सव में एकजुट कर दिया।

हर्षुल सिंघल

भीड़ में छिपे हुए, गणेश संतोष से देख रहे थे, उनके दिल में उस सामंजस्य के लिए अपार खुशी थी जो इस संगीत ने उत्पन्न की थी।

जैसे ही उत्सव समाप्त हुआ, गाँव के बुजुर्ग ने फिर से मंच पर जाकर कहा, "आज रात, संगीत की शक्ति ने हमें एकजुट करने की याद दिलाई है। आइए हम हमेशा याद रखें कि सामंजस्य तब उत्पन्न होता है जब हम एक-दूसरे का समर्थन और उत्थान करते हैं, जैसे इन प्रतिभाशाली बच्चों ने हमें दिखाया है।"

भीड़ तालियों की गड़गड़ाहट से गूंज उठी, और गणेश ने महसूस किया कि अब उनके घर लौटने का समय आ गया है। जाने से पहले, वह बच्चों के पास आखिरी बार गए।

"दुनिया के साथ अपने इस उपहार को साझा करते रहो," उन्होंने कहा। "और हमेशा उस जादू पर विश्वास करो जो तुम्हारे दिलों में बसता है।"

बच्चों ने उन्हें कसकर गले लगाया, उनके चेहरे खुशी से दमक रहे थे।

"हम कभी भी आपकी दया को नहीं भूलेंगे," उन्होंने वादा किया।

जैसे ही गणेश वहाँ से चले, उनके वफादार साथी मूषक उनके साथ हो लिए, जिन्होंने उत्सव में अपनी ही रोमांचक कहानियों का आनंद लिया था। "आज आपने सच में कुछ खास किया है," मूषक ने गणेश की ओर देखते हुए कहा, उनकी आँखों में प्रशंसा झलक रही थी।

गणेश ने मुस्कुराते हुए कहा, उनकी आँखों में आसमान के झिलमिलाते सितारों की चमक थी। "कभी-कभी, खुशी और एकता का संगीत बनाने के लिए बस एक छोटे से दया के कार्य की आवश्यकता होती है," उन्होंने उत्तर दिया।

एक साथ, वे कैलाश लौट गए, उस गाँव को पीछे छोड़ते हुए, जो हमेशा के लिए उस सामंजस्य के संगीत से प्रभावित रहा।

अध्याय 10: अनेक रूप, एक आत्मा

गणेश, जो अपनी बुद्धिमत्ता और विघ्नहर्ता के रूप में प्रिय थे, लोगों द्वारा अनेक नामों से पुकारे जाते थे और विभिन्न रूपों में देखे जाते थे। हर नाम और रूप उनके दिव्य स्वभाव का एक अद्वितीय पहलू दर्शाता था, जो इस बात को प्रतिबिंबित करता था कि अलग-अलग लोग अपनी विशेष तरीकों से उनसे जुड़ते थे।

एक दिन, जब गणेश कैलाश पर्वत के शांत बागों में टहल रहे थे, उन्होंने अपने भक्तों के एक समूह को गहन चर्चा में लीन पाया। वे गणेश के इतने सारे नामों और रूपों के पीछे के कारण को समझने की कोशिश कर रहे थे।

"गणेश के इतने अलग-अलग नाम क्यों हैं?" एक भक्त ने सिर खुजाते हुए पूछा।

"और उनके इतने सारे अलग-अलग चित्र क्यों हैं, जिनमें हर एक में अनोखे प्रतीक और विशेषताएँ होती हैं?" दूसरे ने ऊँची आवाज़ में आश्चर्य व्यक्त किया।

उनकी जिज्ञासाओं को सुनकर, गणेश ने सोचा कि यह उनके लिए एकदम सही समय है कि वे अपने भक्तों को उनके कई नामों और रूपों के पीछे के गहरे अर्थ को समझने में मदद करें।

एक कोमल मुस्कान के साथ, गणेश उस समूह के पास गए। "आओ, मेरे प्रिय मित्रों," उन्होंने स्नेहपूर्वक कहा। "मैं तुम्हें एक कहानी सुनाता हूँ, जिससे तुम समझ पाओगे कि मेरे इतने सारे नाम क्यों हैं और मैं इतने अलग-अलग रूपों में क्यों प्रकट होता हूँ।"

भक्तगण गणेश के चारों ओर एकत्र हो गए, उत्सुकता से सीखने के लिए तैयार। गणेश ने अपनी कथा शुरू की।

"इस विशाल ब्रह्मांड में, तुम में से प्रत्येक अद्वितीय है, अपनी-अपनी जरूरतों, सपनों और चुनौतियों के साथ," गणेश ने कहा। "तुम्हारी मदद करने और तुम्हें मार्गदर्शन देने के लिए, मैं अलग-अलग रूपों में आता हूँ, और हर रूप का एक विशेष उद्देश्य होता है।"

गणेश ने सबसे पहले अपने नाम "एकदंत" का अर्थ समझाया, जिसका अर्थ है "एक ही दंत वाला।"

"इस रूप में, मैं तुम्हें यह याद दिलाता हूँ कि अपूर्णताएँ भी महान उपलब्धियों की ओर ले जा सकती हैं," गणेश ने कहा, उनकी आँखों में एक चमक थी। "जब मैंने अपनी एक दंत खो दी, तो मैंने शेष दंत का उपयोग महाभारत लिखने के लिए किया, जो ज्ञान से भरी एक पवित्र पुस्तक है। एकदंत के रूप में, मैं तुम्हें यह सिखाता हूँ कि हमारी चुनौतियाँ भी हमारी ताकत बन सकती हैं।"

इसके बाद, गणेश ने "लंबोदर" के बारे में बताया, जिसका अर्थ है "बड़े पेट वाला।"

"लंबोदर के रूप में," गणेश ने हंसते हुए अपने पेट पर थपथपाया, "मैं जीवन के सभी अनुभवों को पचाने की क्षमता का प्रतीक हूँ—चाहे वे

खुशियाँ हों या दुःख। मेरा बड़ा पेट इस बात का प्रतीक है कि जीवन में आने वाली हर चीज़ को स्वीकार करने से जो ज्ञान मिलता है, वह कितना महत्वपूर्ण है।"

भक्तगण ध्यान से सुनते रहे, उनकी जिज्ञासा हर कहानी के साथ बढ़ती गई।

"'विनायक' के रूप में, मैं विघ्नों को दूर करने वाला हूँ," गणेश ने आगे कहा। "जब तुम मुझे इस नाम से पुकारते हो, तो मैं तुम्हारे मार्ग को साफ करता हूँ, जिससे तुम आत्मविश्वास के साथ आगे बढ़ सको।"

गणेश ने फिर 'विघ्नहर्ता' नाम का अर्थ समझाया, जिसका अर्थ भी "विघ्नों को दूर करने वाला" है।

गणेश की दुनिया

"यह नाम विनायक के समान है," गणेश ने कहा, "लेकिन यह मेरे उस रूप को दर्शाता है, जिसमें मैं न केवल भौतिक बाधाओं को हटाता हूँ, बल्कि मानसिक और भावनात्मक बाधाओं को भी दूर करता हूँ। मैं तुम्हें संदेह, भय, और भ्रम से पार पाने में मदद करता हूँ।"

अंत में, गणेश ने 'गणपति' नाम का अर्थ समझाया, जिसका अर्थ है "गणों के स्वामी।"

"गणपति के रूप में, मैं शिव के गणों का नेतृत्व करता हूँ," गणेश ने समझाया। "यह रूप नेतृत्व, मार्गदर्शन, और लोगों को सामंजस्य में एक साथ लाने की शक्ति का प्रतीक है। जब तुम मुझे गणपति के रूप में बुलाते हो, तो तुम मेरी मदद चाहते हो, दूसरों का नेतृत्व करने में, बुद्धिमत्ता और दयालुता के साथ।"

गणेश की कहानियाँ समाप्त होते ही, भक्तगण ने एक गहरी समझ का अनुभव किया। उन्होंने महसूस किया कि गणेश के हर रूप और नाम अलग-अलग मार्गदर्शन और समर्थन प्रदान करते हैं, इस पर निर्भर करते हुए कि उन्हें क्या चाहिए।

"धन्यवाद, गणेश," एक भक्त ने कृतज्ञता से कहा। "अब हमें यह समझ में आ गया है कि आपके कई रूप अलग-अलग देवता नहीं हैं, बल्कि एक ही दिव्य आत्मा को समझने के विभिन्न तरीके हैं।"

गणेश ने मुस्कुराते हुए सिर हिलाया। "बिल्कुल," उन्होंने कहा। "हालांकि मुझे कई नामों से जाना जाता है और मैं विभिन्न रूपों में प्रकट होता हूँ, मैं हमेशा वही गणेश हूँ। मेरी आत्मा एक है, जो तुम्हें हर जीवन के हिस्से में मार्गदर्शन, रक्षा, और समर्थन देने के लिए यहाँ है। चाहे मैं जिस भी रूप में प्रकट हूँ, मेरी सच्चाई हमेशा वही रहती है।"

इन शब्दों के साथ, गणेश ने अपने भक्तों को आशीर्वाद दिया, उनके दिलों में शांति और स्पष्टता भर दी। वे अपने घरों को लौट गए, गणेश द्वारा साझा किए गए ज्ञान और समझ के लिए आभारी थे।

उस दिन से, भक्तगण ने गणेश के प्रति और भी गहरा संबंध महसूस किया, यह जानते हुए कि वे किसी भी रूप में, किसी भी आवश्यकता के लिए, उनसे सहायता माँग सकते हैं। उन्होंने समझा कि गणेश के कई नाम और रूप उनके द्वारा सभी को प्रदान किए जाने वाले असीम प्रेम और समर्थन का प्रतिबिंब हैं।

और इस प्रकार, गणेश के कई रूपों और एक आत्मा की कहानी एक प्रिय कथा बन गई, जो सभी को याद दिलाती थी कि जबकि दिव्यता विभिन्न रूप और नाम ले सकती है, उसका सच्चा स्वभाव हमेशा एक ही होता है—शाश्वत, प्रेममय, और सदा उपस्थित।

अध्याय 11: गणेश उत्सव

जैसे ही मानसून की वर्षा थमने लगी और धरती हरी-भरी हो उठी, वैसे ही गाँवों और शहरों में उत्साह की लहर दौड़ पड़ी, क्योंकि लोग एक सबसे प्रिय त्योहार—गणेश चतुर्थी की तैयारी करने लगे। इस समय, घर, गलियाँ और मंदिर रंगों, संगीत और श्रद्धा से भर जाते थे, जो प्रिय हाथी-शीर्ष वाले भगवान गणेश के सम्मान में मनाए जाते थे।

एक सुरम्य गाँव, जो पहाड़ियों के बीच बसा हुआ था, गणेश चतुर्थी की तैयारियों में पूरी तरह जुट गया था। पूरा समुदाय इस उत्सव की तैयारी में उल्लास से भर गया था, क्योंकि यह त्योहार न केवल पूजा का समय था, बल्कि गणेश की बुद्धिमत्ता, प्रेम, और सुरक्षा का भी उत्सव था। कुशल कारीगरों ने मिट्टी को खूबसूरत गणेश की मूर्तियों में ढाला,

प्रत्येक मूर्ति को सावधानीपूर्वक बनाकर जीवंत रंगों से सजाया गया।

कुछ मूर्तियाँ छोटी और नाज़ुक थीं, जबकि अन्य भव्य और ऊँची थीं,

जो गाँव के उत्सव का केंद्र बिंदु बनने वाली थीं।

जैसे-जैसे त्योहार का दिन नजदीक आया, परिवार अपने घरों की सफाई में व्यस्त हो गए, प्रसाद की व्यवस्था करने लगे, और पारंपरिक मिठाइयाँ और मोदक तैयार करने लगे, जो गणेश के प्रिय माने जाते हैं। बच्चे गलियों में दौड़ते, हँसते और खेलते हुए गेंदे और चमेली के फूलों की मालाएँ बुनते, ताकि गाँव को उज्ज्वल रंगों से सजा सकें।

आखिरकार जब गणेश चतुर्थी की सुबह आई, तो गाँव भक्ति की एक शानदार प्रदर्शनी में बदल गया। हल्की हवा में रंग-बिरंगे पताका लहरा रहे थे, और ताजे फूलों और अगरबत्ती की सुगंध से वातावरण महक रहा था। ढोल की लयबद्ध ध्वनि और झांझ की झंकार गलियों में गूंज रही थी, जब गाँववाले गणेश की मूर्ति को मुख्य मंदिर में ले जाने के लिए भव्य जुलूस में शामिल हुए।

यह जुलूस एक हर्षित और रंगीन नज़ारा था। पुरुष, महिलाएँ और बच्चे नाचते-गाते, गणेश की मूर्ति के चारों ओर घिरे हुए थे, जो एक

खूबसूरती से सजाए गए मंच पर विराजमान थी। मूर्ति को ताजे फूलों और रेशमी कपड़ों से सजाया गया था, और जैसे ही जुलूस गाँव की गलियों से गुजरता, हवा में गुलाब की पंखुड़ियाँ बरसने लगीं और "गणपति बप्पा मोरया!" की गूंज से वातावरण भर गया।

मंदिर में, मूर्ति को वेदी पर स्थापित किया गया, और पुरोहितों ने पवित्र अनुष्ठान शुरू किए। उन्होंने फलों, मिठाइयों और नारियल का भोग लगाया, और दीप जलाते हुए मंत्रों का उच्चारण किया ताकि गणेश के आशीर्वाद की प्राप्ति हो सके। गाँववाले भी इसमें शामिल हो गए, उनके दिलों में उस देवता के प्रति गहरी भक्ति थी जिसने हमेशा उनका मार्गदर्शन किया और उनकी राह के विघ्नों को दूर किया।

जैसे-जैसे दिन शाम में बदल गया, मंदिर का प्रांगण दीयों की मृदुल रोशनी से जगमगा उठा, जिसने वहाँ उपस्थित लोगों पर एक सुनहरा आभा बिखेर दी। भक्ति गीतों की ध्वनि हवा में तैरने लगी, और

गणेश की दुनिया

गाँववाले गणेश की बुद्धिमत्ता और रोमांचों की कहानियाँ साझा करने के लिए इकट्ठे हुए। बच्चे चौड़ी आँखों से बैठे, गणेश की चतुराई, वीरता, और उनके मिठाई प्रेम की कहानियों से मोहित होकर सुन रहे थे।

गाँव के बुजुर्गों में से एक, जो बहुत सम्मानित व्यक्ति थे, खड़े होकर भीड़ को संबोधित करने लगे। "गणेश सिर्फ एक देवता नहीं हैं, जिन्हें हम पूजते हैं," उन्होंने एक दयालु मुस्कान के साथ कहा। "वह हमारे मित्र, मार्गदर्शक और रक्षक हैं। वह हमें सिखाते हैं कि जीवन की चुनौतियों का सामना साहस के साथ करें, हर परिस्थिति में अपनी बुद्धिमत्ता का प्रयोग करें, और जीवन को आनंद और विनम्रता के साथ जिएं।"

जैसे-जैसे रात गहराने लगी, अंतिम अनुष्ठान का समय आ गया—मूर्ति का पास की नदी में विसर्जन। गाँववाले मूर्ति को आदरपूर्वक नदी के किनारे तक ले गए, विदाई के गीत गाते हुए। हालाँकि वे गणेश के

हर्षुल सिंघल

भौतिक रूप को विदा कर रहे थे, वे जानते थे कि उनकी उपस्थिति हमेशा उनके साथ रहेगी।

उन्होंने धीरे से मूर्ति को पानी में प्रवाहित किया, और जैसे ही वह बहती हुई दूर चली गई, गाँववाले ताली बजाते और गाते हुए अपनी आवाज़ों को प्रेम और भक्ति के समूहगान में मिलाने लगे। "गणपति बप्पा मोरया, अगले बरस तू जल्दी आ!" उन्होंने चिल्लाया, गणेश को अगले साल जल्दी लौटने का निमंत्रण देते हुए।

गणेश चतुर्थी सिर्फ एक उत्सव का दिन नहीं था—यह उन मूल्यों पर चिंतन करने का समय था, जिनका गणेश प्रतीक हैं: बुद्धिमत्ता, दृढ़ता, और जीवन के आनंद का महत्व। जैसे ही गाँववाले अपने घरों की ओर लौटे, उनके दिल हल्के थे, यह विश्वास से भरे हुए कि गणेश का आशीर्वाद उन्हें आने वाले वर्ष में मार्गदर्शन करेगा।

और इस तरह, साल दर साल, गणेश का यह त्योहार उसी भक्ति के साथ मनाया गया, न केवल उस छोटे से गाँव में, बल्कि पूरे संसार में, जहाँ भी लोग हाथी-शीर्ष वाले भगवान की बुद्धिमत्ता, सुरक्षा, और प्रेम की तलाश करते थे।

गणपति बप्पा मोरया!

हर्षुल सिंघल

गणेश की दुनिया

पात्रों की शब्दावली

गणेश

हाथी-शीर्ष वाले देवता, जिन्हें विघ्नहर्ता, बुद्धि के देवता, और उन सभी के रक्षक के रूप में जाना जाता है, जो उनके आशीर्वाद की इच्छा रखते हैं।

पार्वती

गणेश की माता और देवी, जिन्होंने उन्हें मिट्टी से बनाया और उनमें प्रेम, निष्ठा, और साहस के गुणों को स्थापित किया।

शिव

विनाश और पुनर्जनन के शक्तिशाली देवता, गणेश के पिता, जिन्होंने एक दुखद भूल के बाद उन्हें उनका प्रतिष्ठित हाथी-शीर्ष दिया।

कार्तिकेय

गणेश के भाई, जो अपनी गति और युद्ध कौशल के लिए जाने जाते हैं। वह गणेश को दुनिया के चारों ओर दौड़ लगाने की चुनौती देते हैं।

गजमुखासुर

एक शक्तिशाली दानव, जिसका सिर हाथी का है, जो गणेश को चुनौती देता है, लेकिन अंततः गणेश के वफादार वाहन, मूषक, में परिवर्तित हो जाता है।

मूषक

गणेश का वफादार चूहा वाहन, जो पहले गजमुखासुर नामक दानव था, जो गणेश द्वारा वश में किए जाने के बाद उनकी सेवा करता है।

ऋषि व्यास

महान ऋषि, जिन्होंने महाभारत की रचना की। वह गणेश से महाकाव्य को बिना रुके लिखने में सहायता मांगते हैं।

हर्षुल सिंघल

गणेश की दुनिया

लेखक के बारे में

हर्षुल सिंघल एक प्रतिष्ठित वास्तुकार और भवन वैज्ञानिक हैं, जिनका करियर अमेरिका, ब्रिटेन और भारत में फैला हुआ है। वर्तमान में लंदन में निवास कर रहे हर्षुल डिज़ाइन और निर्माण में उन्नत वैज्ञानिक अनुसंधान के साथ नवाचार करते हैं।

हालांकि उनकी पेशेवर उपलब्धियाँ उल्लेखनीय हैं, हर्षुल का दिल हमेशा से भारतीय संस्कृति और पौराणिक कथाओं से गहराई से जुड़ा रहा है। भारतीय देवी-देवताओं और वीरों की समृद्ध कहानियों में पले-बढ़े हर्षुल ने इन कहानियों में निहित मूल्यों और ज्ञान को अगली पीढ़ी तक पहुँचाने का संकल्प लिया है।

एनिमेशन और लेखन में अपने ज्ञान का उपयोग करते हुए, हर्षुल ने इन कालातीत कहानियों को नई पीढ़ी के लिए जीवंत बनाने की रचनात्मक यात्रा शुरू की। उनकी यह पुस्तक गणेश की कहानियों के माध्यम से बच्चों को ज्ञान, वीरता और आनंद से परिचित कराने का प्रयास है, जिससे ये कहानियाँ बच्चों के लिए सुलभ और आकर्षक बन सकें।

हर्षुल का तकनीकी ज्ञान और सांस्कृतिक अंतर्दृष्टि उन्हें परंपरा और आधुनिकता के बीच एक सेतु का निर्माण करने में सक्षम बनाती है, जिससे पाठकों को एक अर्थपूर्ण और आनंददायक अनुभव प्राप्त होता है।

हर्षुल सिंघल

गणेश की दुनिया की खोज में हमारे साथ जुड़ने के लिए धन्यवाद!

हमें उम्मीद है कि आपने हमारे प्रिय हाथी भगवान गणेश की रोमांचक कहानियों और रोमांचों का आनंद लिया होगा। यदि आपको यह पुस्तक पसंद आई, तो कृपया एक सकारात्मक समीक्षा छोड़ने के लिए हम बहुत आभारी होंगे, जिससे अन्य लोग भी आपकी राय जान सकें। आपका समर्थन हमारे लिए बहुत महत्वपूर्ण है!

लेकिन मज़ा यहीं खत्म नहीं होता! हमारे विशेष बच्चों के संगीत चैनल पर जुड़ें, जहाँ आप गा सकते हैं, नाच सकते हैं, और और भी मजेदार और रोमांचक सामग्री के साथ सीख सकते हैं। सब्सक्राइब करना न भूलें और हमें टिप्पणियों में अपनी राय बताएं—आपकी प्रतिक्रिया हमें और भी जादुई अनुभव बनाने में मदद करती है! यहाँ मेरे वीडियो चैनल का QR कोड है:

हमारे सफर का हिस्सा बनने के लिए धन्यवाद। हम आपके साथ और भी बहुत कुछ साझा करने के लिए उत्सुक हैं!

प्यार और आभार के साथ,

समर्पण

मेरी प्रिय पत्नी, प्रतिभा को, जिनके अटूट प्रेम और समर्थन से मुझे हर दिन प्रेरणा मिलती है।

मेरे प्यारे पुत्र, ऋषि को, जिनकी जिज्ञासा और आनंद मेरे जीवन का प्रकाश हैं।

मेरे पिता को, जिन्होंने मुझमें वे मूल्य और परंपराएँ स्थापित कीं, जो मुझे आकार देती हैं।

और सबसे बढ़कर, सर्वशक्तिमान भगवान को, जिन पर मैं पूरे दिल से विश्वास करता हूँ, जिन्होंने मुझे मार्गदर्शन दिया और इस संसार में शांति और खुशियाँ प्रदान कीं।

यह पुस्तक प्रेम, विश्वास, और आभार की एक छोटी सी भेंट हो।

हर्षुल सिंघल